DISCOURS

PRONONCÉ

A LA RENTRÉE

DES

FACULTÉS

ET DE

L'ÉCOLE DE MÉDECINE

DE CLERMONT-FERRAND

LE 19 NOVEMBRE 1868

PAR M. DAMIEN

professeur de littérature ancienne à la Faculté des lettres

CLERMONT-FERRAND

IMPRIMERIE MONT-LOUIS, LIBRAIRE

1868

DISCOURS

PRONONCÉ

A LA RENTRÉE

DES FACULTÉS ET DE L'ÉCOLE DE MÉDECINE

DE CLERMONT-FERRAND

Le 19 Novembre 1868

Monsieur le Recteur,

Messieurs,

C'est un jour mémorable dans l'histoire de la poésie française que celui où Racine, rendant un noble hommage au génie de Corneille au nom de ses contemporains, au nom de la postérité, ne craignit point d'égaler les chefs-d'œuvre des esprits sublimes à tout ce qu'il y a de plus considérable parmi les hommes, et n'hésita pas à faire marcher de pair l'excellent poète et le grand capitaine, l'un des plus grands rois de la France et le plus grand de ses poètes. Tenir ce ferme langage, c'était proclamer que la littérature d'un peuple est un de ses plus beaux titres de gloire, quand elle est l'immortelle expression des sentiments, des pensées et des actions de ce peuple, représenté par quelques hommes de génie ; c'était reconnaître qu'elle intéresse au suprême degré le patriotisme d'une nation, et que, si nous citons avec un légitime orgueil ceux dont la vie a illustré la France, nous pouvons placer hardiment à côté d'eux les écrivains dont la pensée a dignement interprété la sienne.

Corneille est sans contredit un de ceux-là, et Voltaire a pu dire de lui : « Ancien Romain, parmi les Français, il a établi une école de grandeur d'âme. » C'est en me plaçant à ce point de vue, Messieurs, que je voudrais vous parler un moment de son caractère, de son génie et de la portée morale de ses œuvres. Étudier Corneille sous ce rapport, ce n'est pas, je pense, entrer dans un ordre d'idées étranger à cette réunion ; c'est, au contraire, rassembler devant des hommes sensibles à la gloire de leur patrie, des souvenirs qui s'y rapportent.

Appelé par la bienveillance de M. le recteur Allou, et par celle de son digne successeur, à l'honneur de prendre la parole devant vous, au défaut d'un de mes collègues, dont vous regretterez bien vivement aujourd'hui la longue absence, je ne me dissimule pas les difficultés de la tâche qui m'a été confiée, mais je compte sur votre indulgence pour les surmonter, du moins en partie ; je compte aussi, je vous l'avoue, sur votre admiration pour Corneille.

Vous êtes persuadés, comme Napoléon, que « la haute tragédie est l'école des grands hommes, qu'elle échauffe l'âme, élève le cœur et peut créer des héros ; » vous pensez comme lui, que « sous ce rapport, peut-être, la France doit à Corneille une partie de ses belles actions. »

A la vérité ni les individus, ni les peuples ne s'illustrent par des traits d'héroïsme qu'à de rares moments de leur existence ; mais quand ils sont vraiment grands, il y a au fond de leurs âmes un ensemble d'inclinations, d'idées et d'habitudes morales qui les prépare à se montrer magnanimes, le jour où de graves circonstances les appellent à des actes de magnanimité. Or qui doute que ces inclinations, ces idées et ces habitudes ne soient singulièrement favorisées par un commerce assidu avec les chefs-d'œuvre d'un poète tel que Corneille? Qui doute que Gœthe n'ait pu dire, en songeant à l'influence qu'ils ont exercée sur notre nation : « Un grand poète dramatique, qui est fécond, et qui pénètre toutes ses œuvres d'une noble pensée, peut arriver à faire de l'âme de ses œuvres l'âme du peuple? »

Toutes les fois qu'on veut apprécier un écrivain, on se demande si la noblesse de son caractère fut dans une constante harmonie avec la beauté de son esprit. On aime à étudier l'homme en même temps que l'auteur, et l'on est ravi lorsqu'on trouve que l'un fut toujours digne de l'autre. Corneille, soumis à cette épreuve, en sort triomphant. Était-il possible, au reste, que le contraire arrivât, s'il est vrai, comme on l'a dit, que « les grandes pensées viennent du cœur? » Peut-on avoir des inspirations généreuses et fortes en poésie et en éloquence, sans avoir de la générosité et de la force dans le caractère? Si certains hommes ont eu parfois des mouvements d'une éloquence inattendue, est-ce un paradoxe de soutenir qu'ils ont pu être, au moins pour un instant, élevés au-dessus d'eux-mêmes, et ne faut-il pas rappeler à ce propos le mot fameux de Montaigne : « Certes, c'est un subject merveilleusement vain, divers et ondoyant, que l'homme? »

Quoi qu'il en soit, Messieurs, Corneille, comme l'a dit Fontenelle, « avoit l'âme fière et indépendante, nulle souplesse, nul manége, ce qui l'a rendu très-propre à peindre la vertu romaine, et très-peu propre à faire sa fortune. » Sa conduite fut un modèle soutenu d'honneur, de patience et de courage, au milieu d'une existence aux prises avec les besoins d'une famille nombreuse, et avec les rigueurs de la pauvreté. Il mérita, outre l'amitié des siens, qui établit une union toute patriarcale entre sa famille et celle de son jeune frère, l'affection, l'estime et l'admi-

ration d'un aussi noble cœur que celui du poète Rotrou.
Quant à ses adversaires, il les a constamment dédaignés.
C'est ce dédain, accompagné d'un sentiment juste, après
tout, de sa supériorité sur de méchants poètes, qui s'étaient
longtemps crus ses rivaux et qui étaient devenus ses en-
vieux, c'est ce dédain, ironique et ferme tout ensemble,
qui lui faisait écrire à Scudéry, le critique fanfaron, aveu-
gle et acharné du *Cid* : « Je ne doute ni de votre naissance,
ni de votre noblesse, ni de votre vaillance: ne mêlons
point de pareilles difficultés parmi nos différends..... La
lecture de vos observations ne m'a donné aucun mouve-
ment que de compassion ; et certes, on me blâmeroit avec
justice, si je vous voulois mal pour une chose qui a été
l'accomplissement de ma gloire. » Au sentiment de ce qu'il
valait, il joignait une modestie qui lui faisait appeler
Rotrou son père, parce qu'il l'avait précédé dans la carrière
dramatique, une candeur qui ne lui permit pas de réussir
à la cour, mais qui lui fit apprécier ses propres ouvrages
avec une bonne foi égale à la pénétration de son juge-
ment.

Quelques-uns de ses contemporains, et entre autres le
mordant Tallemant des Réaux, n'ont pas craint de l'accu-
ser d'avarice. Le grave La Bruyère lui-même paraît s'être
associé à ceux qui lui ont reproché ce vice, lorsqu'il a dit
dans un passage où il caractérise admirablement son génie : « Il ne juge de la bonté de sa pièce que par l'argent
qui lui en revient.» Boileau, de son côté, à qui Corneille,
félicité un jour par lui du succès de ses tragédies, avait
répondu avec l'amertume d'un homme toujours en proie
à une gêne voisine de l'indigence : « Oui, je suis saoul de
gloire et affamé d'argent, » Boileau eut le tort de rappeler dans son *Art poétique* cette réponse d'un grand
poète malheureux. Corneille prêta, il faut l'avouer, le
flanc à la critique par les louanges excessives qu'il décerna

soit en vers, soit en prose, à trois hommes qui lui avaient fait des largesses : au financier Montauron, dont il compara la libéralité envers les gens de lettres à celle d'Auguste : à Mazarin, qu'il égala, ou plutôt qu'il parut déclarer supérieur aux plus grands personnages de l'ancienne Rome : à Fouquet, qu'il appela *un héros magnanime*. Ces excès n'échappèrent pas encore au bon sens piquant et à la muse inexorable de Boileau, qui les signala dans son Épître au fils de Colbert. Corneille s'était formé à une époque où ce sentiment exquis de la mesure et du tact dans la manière de louer, qui fut plus tard celui de nos écrivains, était loin d'être assez compris parmi des auteurs dont plusieurs étaient à la solde des grands, qu'ils courtisaient et flattaient à l'envi. Il faut d'ailleurs convenir que, si au fond il ne démentit jamais cette dignité courageuse qui honora toute sa vie, il fut loin d'avoir toujours l'art d'exprimer ses éloges avec assez de mesure pour éviter ces hyperboles outrées, qu'au surplus ni ceux à qui il les adressait, ni lui-même ne purent jamais prendre à la lettre. Mais tout cela prouve-t-il que Corneille ait été réellement avare, « Corneille, » a écrit un de ses admirateurs, qui semble l'avoir bien connu, « qu'on sait avoir poussé l'indifférence pour l'argent jusqu'à une indifférence blâmable ; qui n'a jamais tiré de ses pièces que ce que les comédiens lui en donnaient, sans jamais compter avec eux ; qui a vécu sans dépense et mourut sans biens ; Corneille, qui a eu le cœur aussi grand que l'esprit, les sentiments aussi nobles que les idées ? »

Compris parmi les auteurs qui reçurent des gratifications de Louis XIV en 1662, Corneille, qui n'obtint que 2,000 livres, lorsque Chapelain, *le mieux renté de tous les beaux esprits*, en avait 3,000, n'en remercia pas moins son roi avec effusion. Longtemps après, privé depuis quatre années de cette gratification, le seul avantage qu'il eût reçu de cinquante années de travail, il rappelait à Colbert ses titres à la munificence royale d'un ton simple, ferme et digne. Il se montrait moins sensible au retranchement d'une faveur qu'il avait appliquée à entretenir dans les armées de Sa Majesté deux fils, dont l'un avait été tué pour son service, qu'à la perte d'une glorieuse marque de l'estime qu'il avait plu au roi de faire de son talent.

Partout et toujours on le voit aussi peu touché de son intérêt que soucieux de sa gloire. Voilà bien le mobile qui le poussait, lorsqu'il remerciait Louis XIV d'avoir fait représenter de suite devant lui à Versailles *Cinna, Pompée, Sertorius, Œdipe, Rodogune,* lorsqu'il réclamait les suffrages du roi en faveur de ses dernières pièces, lorsqu'il se figurait à ce propos *Sophocle à cent ans charmant encore Athènes,* lorsque enfin, pressentant qu'il n'irait pas si loin, il parlait du *dernier éclat d'un feu prêt à s'éteindre,* et priait le roi de souffrir que son *âme ravie* lui consacrât le peu de vie qui lui restait.

Nous venons de voir, par quelques traits du caractère de Corneille, que l'homme en lui fut à la hauteur du poète ; c'est le poète que nous allons maintenant considérer dans ses œuvres et dans leur influence morale.

Vous connaissez le ressort perpétuel, mais perpétuellement varié, de son théâtre. Toujours les personnages intéressants de ses tragédies sacrifient l'intérêt et la passion à l'honneur et au devoir, mais toujours ces sacrifices sont accomplis dans des situations si diverses et par des caractères si différents, qu'à l'admiration qu'ils provoquent, s'ajoute le plaisir de voir en combien de manières l'âme d'un grand poète peut entraîner la nôtre par d'éclatantes marques d'amour, de piété filiale, de patriotisme, d'humanité, de clémence, de vertus chrétiennes, de tendresse conjugale, de fraternel dévouement, d'héroïque amitié, de dignité personnelle, d'ardeur pour la liberté, de fierté magnanime.

A peine a-t-il publié son premier chef-d'œuvre, que déjà on y admire l'expression merveilleusement diversifiée d'une grandeur d'âme qui s'approprie à des rôles aussi différents que ceux d'un vieillard, d'un jeune homme et d'une jeune fille. Au milieu des luttes généreuses que suscite entre eux le conflit dramatique des passions qui les transportent et des obligations qui sont pour eux autant de liens sacrés, un sentiment nouveau, celui du dévouement à la patrie, apparaît tout à coup pour agrandir l'action et en faciliter le dénouement. C'est ainsi que, par un premier et immortel essai, le poète prélude à ces fortes conceptions, dans lesquelles les impérieuses exigences des vertus de la vie publique surmontent et dominent les intérêts et les affections de la vie privée.

Peu d'années s'écoulent, et une nouvelle œuvre, supérieure peut-être encore à celle qui avait émerveillé la cour et la ville, parce qu'elle est plus originale, marque un nouveau pas dans la carrière de Corneille. Cette fois, l'austère ascendant du patriotisme, auquel sont sacrifiées les plus chères affections de la famille, règne presque sans partage. Deux jeunes guerriers de nation différente, déjà unis par une étroite alliance, et sur le point de l'être par un nouveau lien, vont décider, avec deux de leurs frères, de part et d'autre, des destinées de leurs pays, que doit régler le sort d'un combat de trois contre trois. Tous deux sont vaillants et dévoués aux intérêts sacrés qu'ils vont défendre, mais l'un a conservé, au milieu de ses sentiments patriotiques, une douceur qui le rend sensible aux malheurs de ses proches; l'autre obéit, avant tout, à la loi que lui dicte un patriotisme inflexible. A l'entendre,

> Ce droit saint et sacré rompt tout autre lien.

Rome, dit-il à l'adversaire qu'il va combattre tout à l'heure, et qu'il n'en continue pas moins à regarder comme un ami, comme un allié,

> Rome vous a nommé, je ne vous connois plus.
> — Je vous connois encore, et c'est ce qui me tue,

s'écrie soudain son vaillant mais moins farouche interlocuteur, qu'une vertu si âpre étonne, sans le détourner des impulsions d'une nature plus humaine et plus douce.

« A ces mots, *je ne vous connais plus*, – *je vous connais encore*, on se récria d'admiration, dit Voltaire ; on n'avait jamais rien vu de si sublime ; il n'y a pas dans Longin un seul exemple d'une pareille grandeur ; ce sont ces traits qui ont mérité à Corneille le nom de *grand*, non-seulement pour le distinguer de son frère, mais du reste des hommes. »

Homère sans doute est sublime en maint endroit de ses poëmes, les plus beaux qu'ait jamais créés le génie humain ; il l'est dans ses tableaux, dans ses sentiments, dans ses pensées ; il l'est quand il figure la puissance du maitre des dieux par les plus imposantes images ; il l'est quand il peint et fait parler Achille se réconciliant avec Agamemnon, et lui tenant un langage dont la magnanime franchise rappelle la grandeur d'âme d'Auguste pardonnant à Cinna ; il l'est dans l'entrevue d'Achille et de Priam, ou bien encore quand il montre les prétendants à la main de Pénélope en proie à une terreur vertigineuse, signe précurseur du trépas dont Ulysse va punir des coupables, qui l'ont si longtemps impunément outragé. Le Prométhée d'Eschyle est sublime par son attitude, par ses paroles et par son silence même, en présence de ses oppresseurs, qu'il méprise et qu'il brave. L'Antigone de Sophocle est sublime quand elle répond au tyran Créon, qui la somme de partager ses haines : « Je suis née pour aimer avec ceux qui aiment, mais non pas pour haïr avec ceux qui haïssent. »

Démosthène est sublime quand il jure par les mânes des héros de Marathon, de Salamine et de Platée, que leurs descendants n'ont point failli en défendant leur liberté contre Philippe, tout victorieux qu'il a été. Quel spectacle plus sublime que celui du roi Lear, victime, comme l'antique Œdipe, de l'iniquité de ses enfants, et représentant par les sentiments que ses maux lui inspirent les effets pathétiques de la violation des droits les plus saints ? Quelle situation encore que celle du vieux Talbot, qui, près de mourir sur le champ de bataille, où il a combattu une dernière fois les ennemis de son pays, prie ses compagnons d'armes de déposer dans ses bras son jeune fils, tué en le défendant, son fils qu'il appelle *sa seconde vie, son jeune, son vaillant rejeton, mort dans sa gloire !* Quelle scène que celle où Calderon fait paraître un roi qui couvre de ses cheveux blancs les pieds de son fils rebelle, à la vue de l'armée de ce prince, son vainqueur, et qui, par ce spectacle « étrange, prodigieux, horrible, » le détermine tout à coup à implorer un pardon qu'il obtient !

Il serait facile, Messieurs, de multiplier les exemples du sublime mêlé au pathétique, avant et après Corneille. Qu'est-ce donc qui distingue la sublimité qui lui est propre de celle des poètes et des orateurs qui, eux aussi, ont été sublimes ? C'est un élan, un frémissement, un tressaillement d'enthousiasme qui ne se trouve à ce degré que chez lui, et dans les passages où ce lutin dont parlait Molière le transporte, le ravit et l'inspire. C'est alors que, suivant l'expression de La Bruyère, « il est inimitable et ne peut être égalé ; » c'est alors qu'« il est parfaitement beau, qu'il enlève, » et qu'il écrit ces tirades qui faisaient frissonner Mme de Sévigné. Alors il est le poète des héroïques vieillards; alors il fait admirer le vieil Horace, cet illustre frère du vieux Don Diègue en grandeur d'àme, soit dans ses adieux à son fils et à son gendre, qu'il encourage, soit dans son indignation contre ce fils, qu'il croit lâche, soit dans la paternelle, dans la patriotique ivresse avec laquelle il reconnait son erreur, et baigne de ses larmes le front du jeune vainqueur ; alors, usant d'un droit qui fut toujours celui des poètes, il idéalise le caractère d'Auguste, qui devient, grâce à lui, le type immortel d'un souverain clément jusqu'à l'héroïsme.

Tel est, Messieurs, l'ascendant du génie inspiré par le cœur, que Louis XIV, profondément ému par une représentation de *Cinna*, la veille du jour de l'exécution du chevalier de Rohan, avoua depuis que, si l'on avait saisi le moment de son émotion pour l'implorer de nouveau en faveur du condamné, il n'aurait pas pu lui refuser plus longtemps sa gràce.

Il est triste pour la mémoire de Louis XIII que *Polyeucte*, le chef-d'œuvre de Corneille, n'ait pas exercé sur lui l'influence que *Cinna* eut sur l'âme de Louis XIV. On croit rèver, quand on lit les lignes suivantes dans l'historiette de Tallemant des Réaux sur Louis XIII : « Depuis la mort du cardinal, M. de Schomberg lui dit que Corneille voulait lui dédier la tragédie de *Polyeucte*. Cela lui fit peur, parce que Montauron avait donné deux cents pistoles à Corneille pour *Cinna*. » Quel rapprochement et quel contraste, et qu'on souffre de voir l'auteur de *Cinna* et de *Polyeucte* mieux traité par un financier que par un roi ! Il y a loin de Louis XIII, agissant ainsi, à Napoléon, qui disait que, si Corneille avait vécu de son temps, il l'aurait fait prince ; il y a loin de son siècle au nôtre, où l'on décerne aux hommes dont les œuvres ont contribué à la gloire de leur pays, des récompenses dignes de la munificence des nations et de leurs souverains. Il est vrai que peu après la première représentation du *Cid*, le père de

Corneille obtint des lettres de noblesse, et qu'en 1640, un édit du roi réhabilita la profession de comédien, à cause de la décence établie par Corneille sur la scène; mais ces mesures étaient dues à la puissante impulsion de Richelieu, et, lui mort, Louis XIII supprimait les pensions des gens de lettres, en disant : « Nous n'avons plus affaire de cela. » En même temps, il appréhendait la dédicace de *Polyeucte.* Sa piété aurait dû pourtant lui faire accueillir avec empressement une pièce qui était le plus sublime hommage que la poésie eût jamais rendu à l'enthousiasme du martyre, et dans laquelle il pouvait admirer, outre les rôles de Polyeucte et de Sévère, celui de Pauline, le plus beau caractère de femme qu'on ait peut-être jamais observé sur aucun théâtre; de Pauline, dont la magnanimité est portée à son comble, au moment où elle implore Sévère, qu'elle aima, en faveur de Polyeucte son époux; de Pauline, trop vertueuse pour ne pas devenir chrétienne.

Chaque œuvre nouvelle de Corneille présentait à un public enthousiaste des modèles du sublime sous des aspects incessamment renouvelés. C'était, même dans une comédie, qui annonça de plus brillantes destinées à notre théâtre comique, un vieillard, un gentilhomme flétrissant de sa véhémente énergie l'habitude du mensonge dans son fils, d'ailleurs loyal et digne de sa race; c'était Cornélie, la veuve de Pompée, devenant, par ses malheurs et par sa générosité, l'objet de l'admiration reconnaissante de César; c'était, en une scène d'un effet imposant et terrible, le tragique châtiment du crime et de son audace inouïe dans la personne d'une reine, qui, après avoir avalé la coupe empoisonnée qu'elle avait préparée à ses enfants, faisait, par ses dernières paroles, frémir d'épouvante et d'horreur les spectateurs de son affreuse agonie; c'était la lutte magnanime de deux jeunes princes voulant mourir l'un pour l'autre, en face d'un tyran qui cherchait en vain un fils dans l'un d'eux, et qui restait éperdu de honte, de désespoir et de rage ; c'était un fils de roi, un guerrier formé à l'école d'Annibal, une des plus fortes créations d'un génie qui avait déjà tant créé, bravant avec une inébranlable grandeur d'âme tout l'orgueil de la puissance romaine.

Lors même que les années s'appesantirent sur la tête du poète, et que l'heure des revers dramatiques eut sonné pour lui, il sut trouver encore des rôles et des scènes sublimes. Ainsi, après *Pertharite*, après *Œdipe*, tragédie si inférieure à l'*Œdipe roi* de Sophocle, mais remarquable par l'énergique protestation d'un de ses personnages en faveur du libre arbitre contre la fatalité, le public, en faisant à *Sertorius* l'accueil qu'il méritait, put presque se croire revenu aux beaux jours d'*Horace* et de *Cinna*. Les mâles accents de la liberté romaine, défendue par un proscrit illustre, retentirent et vibrèrent dans les vers où il disait au protégé de Sylla, à Pompée, qui le priait de revenir à Rome :

> Est-ce être tout Romain, qu'être chef d'une guerre
> Qui veut tenir aux fers les maîtres de la terre ?
> Ce nom, sans vous et lui, nous seroit encore dû ;
> C'est par lui, c'est par vous que nous l'avons perdu ;
> C'est vous qui sous le joug traînez des cœurs si braves ;
> Ils étoient plus que rois, ils sont moindres qu'esclaves.

Une année à peine après *Sertorius*, Corneille faisait paraître sur la scène une nouvelle et digne fille de son génie, Sophonisbe, la fière Carthaginoise, repoussant avec une indignation toute cornélienne les prières de Massinissa son époux, qui la suppliait vainement d'aller jusqu'au camp des Romains mendier la pitié de leur chef.

De tous les sentiments dans l'effusion desquels Corneille a, pour ainsi dire, épanché son âme, deux surtout animent et vivifient la plupart de ses œuvres, l'amour de la patrie.

l'amour de la liberté. Celle même de ses tragédies qui provoqua le *holà* de Boileau, porte l'empreinte de son patriotisme, en un passage où il oppose la grandeur naissante de la France à la décadence de l'empire romain, et la magnanimité de Louis XIV, représentée par celle de Mérovée, à la faiblesse de l'empereur Honorius. Non content d'avoir célébré indirectement la gloire de son jeune roi en divers endroits de ses pièces, il a uni, dans plusieurs poëmes, qu'il lui a successivement dédiés, le patriotique orgueil que lui causaient nos victoires et la bravoure de nos armées, à son enthousiasme pour un monarque grand dans la paix comme dans la guerre.

Craignez sa vigilance, et même son repos,

disait-il avec une fierté expressive aux peuples ligués contre Louis XIV ;

Vainqueur de toutes parts, tu t'es vaincu toi-même,

disait-il à son roi, qui venait d'imposer à l'Europe, étonnée de sa modération, le glorieux traité de Nimègue. Il s'adressait en même temps aux Hollandais, que Louis XIV favorisait par ce traité, après les avoir longtemps combattus, et, les appelant *Bataves généreux,* il leur promettait que Louis, en les rendant à toute leur gloire, rétablirait chez eux la liberté entière, ferme et durable, telle que leurs aïeux opprimés l'avaient conquise.

A l'exemple des plus illustres écrivains de son temps, il sut parfaitement concilier la soumission sincère d'un sujet à l'ordre établi dans le gouvernement de son pays, avec une admiration éclairée du patriotisme et des vertus des vieux Romains.

Vous savez, Messieurs, qu'en ce noble pays de France, où n'a jamais régné le véritable despotisme, le sentiment sacré de l'honneur a toujours heureusement contre-balancé les excès du pouvoir absolu, même aux plus mauvais jours de notre histoire, durant les horreurs des guerres civiles du seizième siècle. Aussi vous n'êtes pas surpris de voir que les écrivains du siècle de Louis XIV, les plus dévoués à sa personne et à son gouvernement, aient discerné avec une admirable perspicacité, et senti avec une force qui ne l'est pas moins, ce qu'il y a de grand dans des institutions politiques différentes de celles d'une monarchie.

Pour ne citer ici qu'un seul d'entre eux, Bossuet, ai-je besoin de vous dire combien il se montre sensible aux merveilleux effets des principes politiques de la Grèce et de Rome, lui qui, persuadé que chaque forme de gouvernement a ses avantages, quand elle est appropriée aux mœurs du peuple qu'elle régit, a si bien compris la liberté, telle que se la figuraient les Grecs et les Romains, « un état où personne ne fût sujet que de la loi, c'est-à-dire, de la raison même reconnue par tout le peuple, et où la loi fût plus puissante que les hommes; » lui qui a si bien défini « le fond d'un Romain, » en disant que c'« était l'amour de sa liberté et de sa patrie, » et qu'« une de ces choses lui faisait aimer l'autre, car, parce qu'il aimait sa liberté, il aimait aussi sa patrie comme une mère qui le nourrissait dans des sentiments également généreux et libres? »

Ce que Bossuet a résumé en quelques pages vigoureuses au sujet des Romains, Corneille l'avait longtemps auparavant développé et mis en action dans ses tragédies. Sans cesser d'être Français et bon Français, il a été, par des aspirations purement idéales, Romain et vieux Romain. S'il a partagé avec ses compatriotes l'enivrement de la joie que leur causaient nos conquêtes, cette joie ne l'éblouit jamais au point de lui dissimuler les maux qu'entraînent après elles les guerres les plus heureuses, lorsqu'elles semblent s'éterniser pour un pays; elle ne l'empêcha pas de faire dire à la France, personnifiée dans le prologue d'une de ses pièces, un an après la longue guerre que termina enfin le traité des Pyrénées :

> A vaincre tant de fois mes forces s'affoiblissent;
> L'Etat est florissant, mais les peuples gémissent;
> Leurs membres décharnés courbent sous mes hauts faits,
> Et la gloire du trône accable les sujets.

Ces vers, qu'on applaudissait à l'aurore d'un grand règne, on défendit de les produire sur la scène à l'époque des revers de Louis XIV, tant on en avait senti la force et la portée.

Longtemps auparavant, Corneille avait déjà montré l'indépendance de sa pensée dans une pièce où il assignait l'honneur comme limite à l'obéissance des sujets envers les rois, où il introduisait un jeune homme, modèle héroïque du mérite personnel, mis hardiment en face de la noblesse de naissance. Cette pièce est *Don Sanche d'Aragon*. Celui qui en est le principal personnage, et qui ne le cède en grandeur d'âme à aucun des héros de Corneille, ne doit qu'à sa vaillance la gloire d'avoir rendu les Castillans vainqueurs des Maures, d'avoir sauvé la vie à deux de leurs comtes et mérité l'amour de la reine de Castille, avant d'être reconnu pour fils du dernier roi d'Aragon. En attendant cette reconnaissance un peu romanesque, sa générosité, mise à l'épreuve, se développe et grandit de scène en scène. Tantôt il fait éclater une fierté magnanime en présence de la reine, qui l'aime en secret, et des jeunes seigneurs, ses rivaux, qui le dédaignent quoi qu'il leur ait sauvé la vie et qu'ils ne l'aient pas oublié, parce qu'ils ne voient en lui qu'un soldat de fortune; tantôt indigné contre ces mêmes seigneurs, qui lui parlent des bruits déjà accrédités sur son illustre origine et qui le prient de la faire connaître, il leur reproche de l'ériger en roi de comédie, et leur rappelle que les vaillants honorent la valeur: tantôt enfin, dans la sublime explosion de sa piété filiale envers le vieux pêcheur dont il se croit fils, et qu'il voit traîner en prison,

> Il tempête, il menace, et, bouillant de colère,
> Il crie à pleine voix qu'on lui rende son père.

Jamais peut-être l'inspiration de Corneille ne fut plus forte et plus élevée que le jour où il créa le rôle de Don Sanche. Cependant il nous apprend lui-même que *le refus d'un illustre suffrage* compromit bientôt le succès de sa pièce, qui avait eu d'abord un vif éclat. Quel est donc le suffrage qui a pu lui être refusé? Suivant les uns, ce fut celui du prince de Condé; suivant d'autres, et je le croirais plus volontiers, car je me figure difficilement que le héros à qui *Cinna* avait fait répandre des pleurs d'admiration, n'ait pas goûté l'héroïsme de Don Sanche, ce fut celui d'Anne d'Autriche. On était alors en 1650, au lendemain du jour où Charles Ier d'Angleterre avait succombé, et ce ne fut pas, dit-on, sans une certaine désapprobation que la mère de Louis XIV vit un guerrier, qui pendant presque toute une pièce ne passait que pour un parvenu, jouer un rôle si éclatant sur la scène dramatique, alors que, sur la scène politique, un autre parvenu, le fils d'un brasseur de bière, Cromwell, jouait un rôle si imprévu et si terrible. Quoi qu'on doive penser de ces conjectures, la pièce de Corneille n'en restera pas moins, malgré ses défauts, comme un des beaux triomphes de son génie, comme une des nobles marques de la fermeté indépendante de son âme.

J'arrive, Messieurs, au terme de la tâche que je me suis prescrite. Si j'avais voulu considérer Corneille sous tous les points de vue, je n'aurais omis ni plusieurs de ses pièces que j'ai à peine indiquées ou que j'ai même passées sous silence, ni d'autres ouvrages qui lui feront à jamais honneur, témoin ses études sur son art et sur son théâtre, témoin sa belle paraphrase de l'*Imitation de Jésus-Christ;*

mais j'ai dû me borner dans une carrière qui, sans cela, eût été trop vaste. Je n'ai parcouru quelques endroits de la vie de Corneille, je n'ai cité quelques passages de ses écrits que pour apprécier en lui l'homme dont le caractère ne démentit pas le génie, dont l'âme s'est peinte dans les sentiments de ses personnages, dont les tragédies sont restées pour la France, et pour la postérité, une école féconde en généreux enseignements.

Sans doute il y avait en France, au moment où parut Corneille, je ne sais quoi de grand dans l'air, si je puis ainsi parler, qui, se communiquant de proche en proche, allait susciter les actions et les œuvres qui ont fait la gloire du dix-septième siècle. Mais si le poète a dû beaucoup à son temps et aux âges antérieurs, combien n'a-t-il pas tiré de son propre fonds, combien n'a-t-il pas ajouté de conceptions fortes, de situations imposantes, de pensées profondes, de sentiments magnanimes et de caractères héroïques à ceux qui existaient déjà soit dans le monde idéal, soit dans le monde réel, soit dans la poésie, soit dans l'histoire ! De quels progrès et de quelle impulsion l'esprit français ne lui est-il pas redevable, si, comme le dit Voltaire, « il y a grande apparence que, sans lui, le génie de nos prosateurs ne se serait pas développé ! » Par combien d'alliances de mots, de tours et d'images il a formé et enrichi la langue de la haute poésie !

Je m'arrête, Messieurs, dans une voie qui m'écarterait de mon sujet, si je m'y engageais plus avant ; ce serait commencer, à l'instant où je vais finir, une dissertation littéraire que j'ai voulu éviter. Je n'ai songé ici qu'à payer à un poète qui a bien mérité de son pays et du genre humain, le tribut d'admiration et de reconnaissance qui lui est dû ; j'ai cru qu'il devait être pour des Français l'objet d'un culte analogue à celui que les Grecs avaient consacré à leur Homère, à celui que nos voisins d'outre-Manche ont voué à leur Shakspeare. Vous ne me désavouerez pas, Messieurs, dans cette manière de comprendre et d'honorer les grands poètes, à côté desquels il faut placer les orateurs, les historiens, les philosophes, les savants, les artistes qui les ont égalés, et qui, comme eux, ont contribué à la grandeur de leur patrie. Si l'Angleterre a noblement voulu que les restes mortels de ses enfants qui l'ont illustrée par leur intelligence, reposassent à côté de ceux de leurs rois; si elle a décerné à son Newton tous les honneurs qu'elle a pu imaginer, la France, qui érige de tous côtés des statues à ses guerriers, à ses politiques, à ses magistrats célèbres, à tous les hommes d'action qui l'ont servie au prix de leur sang et de leur dévouement, n'est ni moins attentive, ni moins vigilante, ni moins bien inspirée par une pieuse et délicate reconnaissance, soit dans les hommages qu'elle rend à ces immortels ouvriers de la pensée qui, tels que Corneille, Descartes, Pascal et Bossuet, ont fait de sa littérature l'école du genre humain, soit dans les encouragements qu'elle décerne à tous les talents jaloux d'accroître le glorieux héritage qu'ils ont reçu de leurs devanciers, et de perpétuer leurs patriotiques traditions. La France ne le veut céder et ne le cède à aucune nation dans sa généreuse ardeur à reconnaître dignement les œuvres de ses savants, de ses écrivains, de ses artistes. Non contente d'honorer ceux qui ne sont plus, elle encourage et récompense le mérite de tous ceux qui ajoutent à sa gloire; elle veut que la féconde émulation qu'elle entretient parmi eux, s'étende à tous les esprits, et pénètre profondément dans toutes les classes de la population; elle veut que tous s'instruisent, et que tous s'améliorent en s'instruisant. Ai-je besoin, Messieurs, pour en convaincre le plus incrédule, d'une autre preuve que de celle qui se présente à nous, comme d'elle-même, dans le spectacle que nous avons sous les yeux? Ai-je besoin de vous rappeler les rapides progrès que l'éducation du peuple a faits en France à notre époque, grâce à la haute sollicitude de l'Empereur pour tout ce qui touche aux travaux de l'esprit, grâce à la vigilance éclairée et à l'activité infatigable de M. le Ministre de l'Instruction publique, grâce aussi au concours intelligent et dévoué par lequel on seconde de toutes parts les efforts du Gouvernement en faveur de la diffusion des lumières?

Parmi les heureux résultats que nous avons droit d'en attendre, et qui ont déjà été obtenus, figureront des études de plus en plus profitables des chefs-d'œuvre qui feront l'éternel honneur de notre littérature, et parmi ces chefs-d'œuvre, apparaîtront au premier rang ceux de Corneille, car autant et plus encore que les autres monuments de la poésie française, ils parlent à l'âme de tout ce qui constitue la véritable grandeur des individus et des peuples. Ne désespérons pas, Messieurs, de voir enfin arriver le jour où Corneille sera compris, goûté et admiré par des lecteurs devenus chaque jour plus nombreux. C'est le vœu que je forme en terminant, et pour la gloire de Corneille et pour celle de mon pays lui-même, dont elle est à jamais inséparable.

Clermont-Ferrand. imprimerie Mont-Louis.